When I Am Gloomy
Quando sono pensierosa

Sam Sagolski
Illustrated by Daria Smyslova

www.kidkiddos.com
Copyright ©2025 by KidKiddos Books Ltd.
support@kidkiddos.com

All rights reserved. No part of this book may be reproduced in any form or by any electronic or mechanical means, including information storage and retrieval systems, without written permission from the publisher, except in the case of a reviewer, who may quote brief passages embodied in critical articles or in a review.
First edition, 2025

Translated from English by Gabriella Re
Traduzione a cura di Gabriella Re

Library and Archives Canada Cataloguing in Publication
When I Am Gloomy (English Italian Bilingual edition)/Shelley Admont
ISBN: 978-1-0497-0243-8 paperback
ISBN: 978-1-0497-0244-5 hardcover
ISBN: 978-1-0497-0245-2 eBook

Please note that the English and Italian versions of the story have been written to be as close as possible. However, in some cases they differ in order to accommodate nuances and fluidity of each language.

One cloudy morning, I woke up feeling gloomy.
Una mattina nuvolosa, mi sono svegliata pensierosa.

I got out of bed, wrapped myself in my favorite blanket, and walked into the living room.
Sono scesa dal letto, mi sono avvolta nella mia coperta preferita e sono andata in salotto.

"Mommy!" I called. "I'm in a bad mood."
"Mammina!" dissi. "Sono di cattivo umore."

Mom looked up from her book. "Bad? Why do you say that, darling?" she asked.
La mamma alzò gli occhi dal libro. "Di cattivo umore? "Perché dici così, amore?" chiese.

"Look at my face!" I said, pointing to my furrowed brows. Mom smiled gently.
"Guarda la mia faccia!" dissi, indicando le mie sopracciglia aggrottate. La mamma sorrise dolcemente.

"I don't have a happy face today," I mumbled. "Do you still love me when I'm gloomy?"
"Oggi non ho una faccia felice," ho mugugnato. "Mi vuoi bene anche quando sono pensierosa?"

"Of course I do," Mom said. "When you're gloomy, I want to be close to you, give you a big hug, and cheer you up."

"*Certo che sì,*" *disse la mamma. "Quando sei pensierosa, voglio starti vicina, abbracciarti forte e farti sorridere.*"

That made me feel a little better, but only for a second, because then I started thinking about all my other moods.

Questo mi ha fatto sentire un pochino meglio, ma solo per un attimo, perché poi ho iniziato a pensare ai miei altri stati d'animo.

"So… do you still love me when I'm angry?"
"Allora… mi vuoi bene anche quando sono arrabbiata?"

Mom smiled again. "Of course I do!"
La mamma sorrise un'altra volta. "Certo che sì!"

"Are you sure?" I asked, crossing my arms.
"Sei sicura?" chiesi, incrociando le braccia.

"Even when you're mad, I'm still your mom. And I love you just the same."

"Anche quando sei arrabbiata, sono sempre la tua mamma. E ti voglio bene comunque."

I took a big breath. "What about when I'm shy?" I whispered.
Feci un respiro profondo. "E quando sono timida?" sospirai.

"I love you when you're shy too," she said. "Remember when you hid behind me and didn't want to talk to the new neighbor?"

"Ti voglio bene anche quando sei timida," disse. "Ti ricordi quando ti nascondevi dietro di me e non volevi parlare con il nuovo vicino?"

I nodded. I remembered it well.
Annuì con la testa. Lo ricordavo bene.

"And then you said hello and made a new friend. I was so proud of you."

"Poi l'hai salutato e hai trovato un nuovo amico. Sono stata molto fiera di te."

"Do you still love me when I ask too many questions?" I continued.

"Mi vuoi bene anche quando faccio tante domande?" continuai.

"When you ask a lot of questions, like now, I get to watch you learn new things that make you smarter and stronger every day," Mom answered. "And yes, I still love you."

"Quando fai tante domande, come ora, ti osservo mentre ogni giorno impari cose nuove che ti rendono più intelligente e più forte," rispose la mamma. "E sì, continuo a volerti bene."

"What if I don't feel like talking at all?" I continued asking.
"E quando non voglio parlare per niente?" chiesi ancora.

"Come here," she said. I climbed into her lap and rested my head on her shoulder.
"Vieni qui," disse. Salii sul suo grembo e appoggiai la testa sulla sua spalla.

"When you don't feel like talking and just want to be quiet, you start using your imagination. I love seeing what you create," Mom answered.

"Quando non ti senti di parlare e vuoi semplicemente stare in silenzio, inizi a usare l'immaginazione. Mi piace vederti creare," rispose la mamma.

Then she whispered in my ear, "I love you when you're quiet too."

Dopo mi disse a bassa voce nell'orecchio, "Ti voglio bene anche quando sei silenziosa."

"But do you still love me when I'm afraid?" I asked.
"Ma mi vuoi bene anche quando ho paura?" chiesi.

"Always," said Mom. "When you're scared, I help you check that there are no monsters under the bed or in the closet."
"Sempre," disse la mamma. "Quando hai paura, ti aiuto a controllare che non ci siano mostri sotto il letto o nell'armadio."

She kissed me on the forehead. "You are so brave, my sweetheart."

Mi baciò sulla fronte. "Sei così coraggiosa, amore mio."

"And when you're tired," she added softly, "I cover you with your blanket, bring you your teddy bear, and sing you our special song."

"E quando sei stanca," aggiunse dolcemente, "Ti copro con la coperta, ti porto il tuo peluche e ti canto la nostra canzone speciale."

"What if I have too much energy?" I asked, jumping to my feet.

"E quando ho troppa energia?" chiesi, saltando in piedi.

She laughed. "When you're full of energy, we go biking, skip rope, or run around outside together. I love doing all those things with you!"

Sorrise. "Quando sei piena di energia, andiamo in bicicletta, saltiamo la corda, o andiamo a correre insieme. Amo fare tutte queste cose con te!"

"But do you love me when I don't want to eat broccoli?" I stuck out my tongue.

"Ma mi vuoi bene anche quando non voglio mangiare i broccoli?" feci la linguaccia.

Mom chuckled. "Like that time you slipped your broccoli to Max? He liked it a lot."

La mamma sorrise. "Come quella volta che hai passato i tuoi broccoli a Max? Gli sono piaciuti molto."

"You saw that?" I asked.
"Te ne sei accorta?" chiesi.

"Of course I did. And I still love you, even then."
"Certo che sì. E ti ho voluto bene anche quella volta."

I thought for a moment, then asked one last question:
Pensai per un istante, e dopo feci un'altra domanda:

"Mommy, if you love me when I'm gloomy or mad… do you still love me when I'm happy?"
"Mammina, se mi vuoi bene quando sono pensierosa o triste… mi vuoi bene anche quando sono felice?"

"Oh, sweetheart," she said, hugging me again, "when you're happy, I'm happy too."
"Oh, amore mio," disse, abbracciandomi ancora, "quando sei felice, lo sono anche io."

She kissed me on the forehead and added, "I love you when you're happy just as much as I love you when you're sad, or mad, or shy, or tired."
Mi baciò sulla fronte e aggiunse, "Ti voglio bene quando sei felice come quando sei triste, pensierosa, timida o stanca."

I snuggled close and smiled. "So… you love me all the time?" I asked.

Mi rannicchiai accanto a lei e sorrisi. "Allora… mi vuoi sempre bene?" chiesi.

"All the time," she said. "Every mood, every day, I love you always."

"Sempre," disse. "Con qualsiasi stato d'animo, ogni giorno, ti voglio sempre bene."

As she spoke, I started feeling something warm in my heart.
Mentre parlava, iniziai a sentire qualcosa di caldo nel cuore.

I looked outside and saw the clouds floating away. The sky was turning blue, and the sun came out.
Guardai fuori e vidi che le nuvole si allontanavano. Il cielo era tornato blu ed era uscito il sole.

It looked like it was going to be a beautiful day after all.
Sembrava che, dopo tutto, sarebbe stata una bella giornata.

www.ingramcontent.com/pod-product-compliance
Lightning Source LLC
LaVergne TN
LVHW072107060526
838200LV00061B/4831